Soßen & Co.

60 Rezeptkarten

- ✔ aufstellen
- ✔ kochen
- ✔ genießen

W0286280

compact via

Inhalt

Abkürzungen

EL	Esslöffel	kg	Kilogramm	kcal	Kilokalorien
TL	Teelöffel	g	Gramm	kJ	Kilojoule
Bd.	Bund	mg	Milligramm	EW	Eiweiß
Msp.	Messerspitze	l	Liter	F	Fett
gestr.	gestrichen	ml	Milliliter	KH	Kohlenhydrate
geh.	gehäuft	cl	Zentiliter	1 kJ = 0,239 kcal	
TK	Tiefkühl...			1 kcal = 4,184 kJ	

Impressum

compact via ist ein Imprint der Compact Verlag GmbH

Redaktion: Isabel Martins
Umschlaggestaltung und Layout: textum GmbH, München

978-3-8174-8425-6
2011 2012 2013 2014 2015 10 9 8 7 6 5 4 3 2 1

www.compact-via.de

Joghurtdressing

Zubereitungszeit:
10 Min.

Nährwerte pro Person:
159 kcal / 665 kJ
2 g EW
14 g F
5 g KH

Für 4 Personen:
1 Bd. Schnittlauch
Saft von 1 Zitrone
1 TL Senf
200 g Joghurt
Salz
Pfeffer aus der Mühle
50 ml Pflanzenöl

Joghurtdressing

1) Schnittlauch mit kaltem Wasser abbrausen und trocken tupfen oder schütteln. Bei Bedarf welke Teile entfernen und den Rest in dünne Röllchen schneiden.

2) Zitronensaft mit Senf vermengen und zusammen mit dem Joghurt glatt rühren. Die Salatsoße mit Salz und frisch gemahlenem Pfeffer abschmecken.

3) Zum Schluss Pflanzenöl dazugeben und mit einem Schneebesen kräftig unterschlagen. Kurz durchziehen lassen.

4) Kurz vor dem Servieren oder Anrichten die fein geschnittenen Schnittlauchröllchen unter das Dressing rühren.

!

Natürlich kann das Dressing mit beliebigen anderen Kräutern zubereitet werden. Versuchen Sie es doch mal mit fein gehackter Petersilie, gehacktem Basilikum oder klein geschnittenem Dill. Und geben Sie 1 hart gekochtes und gehacktes Ei dazu.

Französische Vinaigrette

Zubereitungszeit:
10 Min.

Nährwerte pro Person:
239 kcal / 1002 kJ
1 g EW
25 g F
3 g KH

2

Für 4 Personen:
1 kleine Schalotte
2 EL mittelscharfer Senf
5 EL Weißweinessig
100 ml Speiseöl
2 EL Sojasoße (z. B. von Kikkoman)
2 TL Kräuter der Provence
Zucker

Französische Vinaigrette

1) Die Schalotte schälen und die Enden abschneiden. Halbieren und dann in sehr feine Würfel schneiden.

2) Den mittelscharfen Senf in eine kleine Schüssel geben und Weißweinessig zufügen. Das Ganze glatt rühren. Mit einem kleinen Schneebesen das Öl kräftig unterschlagen.

3) Etwas Sojasoße zum Dressing geben und die Kräuter der Provence mit der gewürfelten Schalotte unterrühren. Die französische Vinaigrette mit Zucker abschmecken.

!

Die Vinaigrette passt sehr gut zu grünem Salat sowie zu Tomaten- und Gurkensalat. Eine angenehme Süße, die besonders zu Blattsalaten wie Frisée- und Feldsalat passt, erhält das Dressing, wenn Sie 2 EL Honig unterschlagen.

Bärlauchdressing

Zubereitungszeit:
15 Min.

Nährwerte pro Person:
128 kcal / 536 kJ
1 g EW
13 g F
3 g KH

Für 4 Personen:
2 Tomaten
2 Schalotten
1 Handvoll Bärlauch
3 EL weißer Balsamico-Essig
1–2 EL Zitronensaft
1 Prise Zucker
5 EL Olivenöl
Salz
Pfeffer aus der Mühle

3

Bärlauchdressing

1) Tomaten waschen und oben kreuzförmig einritzen. Mit kochend heißem Wasser überbrühen und dann kalt abschrecken. Haut abziehen und Tomaten vierteln, entkernen und das Fruchtfleisch klein würfeln.

2) Schalotten schälen und fein hacken. Den Bärlauch kalt abbrausen, trocken schütteln und putzen. Anschließend die Blätter in Streifen schneiden.

3) Balsamico-Essig mit dem Zitronensaft, Zucker, 4–5 EL Wasser und Olivenöl verschlagen. Dann mit Salz und frisch gemahlenem Pfeffer abschmecken. Tomatenwürfel und den geschnittenen Bärlauch untermengen.

!

Dieses Bärlauchdressing passt sehr gut zu einem bunten Frühlings-Blattsalat.
Bärlauch wird auch Wilder Knoblauch genannt. Wird er in der Natur gesammelt, dann unbedingt vorsichtig sein; denn er kann leicht mit den giftigen Blättern der Maiglöckchen verwechselt werden, da die Blätter sich stark ähneln. Aber anders als der Bärlauch duften die Maiglöckchenblätter nicht nach Knoblauch.

Honig-Senf-Dressing

Zubereitungszeit:
10 Min.

Nährwerte pro Person:
152 kcal / 636 kJ
1 g EW
15 g F
4 g KH

Für 4 Personen:
2 EL Honig
100 ml Gemüsebrühe
2 EL mittelscharfer Senf
3 EL Balsamico-Essig
6 EL Rapsöl
Salz
Pfeffer aus der Mühle

4

Honig-Senf-Dressing

1) Den Honig mit 75 ml Gemüsebrühe, dem mittelscharfen Senf, Balsamico-Essig und Rapsöl in ein hohes Gefäß bzw. in einen Rühr- oder Mixbecher geben. Das Ganze dann mit dem Pürierstab kräftig aufmixen.

2) Das Honig-Senf-Dressing mit Salz und frisch gemahlenem Pfeffer abschmecken. Bei Bedarf und ganz nach Geschmack noch etwas Gemüsebrühe zugeben.

!

Dieses Dressing passt gut zu kräftigeren Blattsalaten wie Radicchio, Chicorée, Rucola oder auch zu Brunnenkresse. Und nicht nur als Salatdressing schmeckt es gut - probieren Sie es doch mal zu gegrilltem Fleisch.
Auch ein feines Dressing mit Senf: eine pikante Sahnesoße. Dafür 125 g Sahne mit 2 EL Zitronensaft, 2 TL mittelscharfem Senf und je 1 Prise Salz und Pfeffer gut verrühren. Schmeckt besonders zu grünen Salaten.

Orangen-Ingwer-Dressing

Zubereitungszeit:
10 Min.

Nährwerte pro Person:
40 kcal / 167 kJ
1 g EW
3 g F
3 g KH

Für 4 Personen:

8 EL Cremefine zum Kochen
4 EL Orangensaft
2 EL Zitronensaft
2 Knoblauchzehen
1 walnussgroßes Stück Ingwer
Salz
Pfeffer aus der Mühle

5

Orangen-Ingwer-Dressing

1) Cremefine in eine Rührschüssel geben. Dann den Orangen- und Zitronensaft hinzufügen und das Ganze mit einem Schneebesen glatt rühren.

2) Knoblauch schälen und sehr fein hacken. Ingwer schälen und fein reiben.

3) Knoblauch und Ingwer unter das Dressing rühren. Mit Salz und frisch gemahlenem Pfeffer abschmecken.

!

Das Dressing schmeckt beispielsweise zu einem Tomaten-Eisberg-Salat.
Auch gut zu Blattsalat: Blauschimmelkäse-Dressing. Dafür 1/2 TL Senf mit Pfeffer, 1 TL Zucker, 3 EL Olivenöl und 1 TL Weißweinessig glatt rühren. 80 g Blauschimmelkäse zerbröckeln und stückchenweise mit einem Schneebesen unterrühren, sodass eine glatte Paste entsteht. Bei Bedarf mit dem Mixstab pürieren. 100 g Sahne steif schlagen und unter das Dressing ziehen.

Thousand-Island-Dressing

Zubereitungszeit:
10 Min.

Nährwerte pro Person:
358 kcal / 1498 kJ
8 g EW
44 g F
24 g KH

Für 4 Personen:

3 Cornichons (Glas)
1 rote Paprikaschote
2 Frühlingszwiebeln
4 EL Ketchup (z. B. von Alnatura)
1 EL Tomatenmark
150 g Naturjoghurt
3 EL Mayonnaise
1 Msp. Paprikapulver scharf
1 EL Senf
Meersalz

6

Thousand-Island-Dressing

1) Die Cornichons aus dem Glas nehmen und abtropfen lassen oder trocken tupfen. Dann der Länge nach halbieren und in feine Würfel schneiden.

2) Die Paprikaschote waschen und halbieren. Von Kernen sowie von weißen Innenhäuten befreien und das Fruchtfleisch fein würfeln. Die Frühlingszwiebeln putzen, welke Stellen und die Wurzelansätze abschneiden. Dann in feine Ringe schneiden.

3) Ketchup und Tomatenmark in eine Schüssel geben und gut miteinander verrühren. Joghurt und Mayonnaise unterrühren und das Ganze zu einer glatten Masse vermengen.

4) Das Dressing mit scharfem Paprikapulver und etwas Senf abschmecken. Danach die Cornichon- und Paprikawürfel sowie die Frühlingszwiebelringe unterrühren. Das Thousand-Island-Dressing vor dem Servieren mit Meersalz würzen.

! Das Dressing passt hervorragend zu einem sommerlich leichten gemischten Salat.

Mayonnaise

Zubereitungszeit:
15 Min.

Nährwerte pro Person:
508 kcal / 2125 kJ
3 g EW
56 g F
1 g KH

Für 4 Personen:
3 sehr frische Eigelb
2 TL Dijonsenf
3 TL Zitronensaft
Salz
200 ml neutrales Pflanzenöl
Pfeffer aus der Mühle

Mayonnaise

1) Eigelb in eine hohe Rührschüssel bzw. in einen Rührbecher geben. Dijonsenf und Zitronensaft zufügen. Dann mit 1 Prise Salz würzen.

2) Das Ganze mit den Quirlen des Handrührgeräts kräftig schlagen, bis die Eimasse cremig-schaumig wird.

3) Das Pflanzenöl zuerst tropfenweise, dann in einem dünnen Strahl einfließen lassen. Währenddessen alles mit den Quirlen des Handrührgeräts auf höchster Stufe schlagen. Das Ganze so lange rühren, bis die Mayonnaise eine cremige Konsistenz hat.

4) Abschließend die Mayonnaise nach Wunsch mit Salz, frisch gemahlenem Pfeffer und noch etwas Zitronensaft abschmecken.

!

Die Zutaten sollten alle zimmerwarme Temperatur haben, damit die Mayonnaise gelingt. Sollte sie dennoch gerinnen, verquirlen Sie in einer neuen Schüssel 1 Eigelb mit etwas Salz. Dann die geronnene Mayonnaise langsam unter Rühren zufügen.

Cremige Zucchinisoße

Zubereitungszeit:
15 Min.
Garzeit:
15 Min.

Nährwerte pro Person:
265 kcal / 1109 kJ
9 g EW
23 g F
7 g KH

8

Für 4 Personen:
400 g Zucchini
2 Knoblauchzehen
3 EL Olivenöl
Salz
Pfeffer aus der Mühle
1 TL getrockneter Thymian
1/2 TL getrockneter Rosmarin
5 Stängel Dill
100 g Schlagsahne
100 g Frischkäse
200 g saure Sahne

Cremige Zucchinisoße

1) Zucchini bei Bedarf putzen, die Enden abschneiden. Zucchini mit kaltem Wasser waschen, trocken reiben und in nicht zu dünne Scheiben schneiden. Knoblauch schälen und fein hacken.

2) Olivenöl in einen ausreichend großen Topf geben und erhitzen. Die Zucchini mit Knoblauch dazugeben und unter Rühren kurz andünsten. Mit Salz, frisch gemahlenem Pfeffer, Thymian und Rosmarin würzen.

3) Deckel auflegen und Zucchini bei schwacher Hitze 5 Minuten garen. Dabei ab und zu umrühren.

4) Dill unter fließendem kaltem Wasser waschen und trocken schütteln. Dillspitzen abzupfen und fein hacken. Die Schlagsahne mit Frischkäse, saurer Sahne sowie den Dillspitzen in eine Schüssel geben und vermengen.

5) Käsemischung zu den Zucchini geben. Das Ganze gut verrühren und ca. 10 Minuten leicht köcheln lassen. Sobald die Soße sämig ist, nochmals abschmecken und heiß servieren.

!

Noch leichter wird diese Zucchinisoße, wenn man die Schlagsahne durch Joghurt ersetzt.

Grünes Pesto

Zubereitungszeit:
15 Min.

Nährwerte pro Person:
383 kcal / 1602 kJ
7 g EW
39 g F
3 g KH

Für 4 Personen:
2 EL Pinienkerne
1 großes Bd. Basilikum
3 Knoblauchzehen
Salz
50 g Parmesan
125 ml Olivenöl

Grünes Pesto

1) Pinienkerne in einer Pfanne ohne Fettzugabe unter Rühren rösten, bis sie duften. Dabei die Pfanne oft schwenken, damit die Kerne nicht schwarz werden. Anschließend vom Herd nehmen.

2) Basilikum waschen, trocken schütteln und die Blättchen abzupfen. Knoblauchzehen abziehen und klein schneiden. Mit Basilkumblättchen, Pinienkernen und 1 Prise Salz im Mörser oder im Mixer fein zerkleinern.

3) Basilikummischung in eine Schüssel umfüllen. Parmesen fein reiben. Dann zusammen mit Olivenöl portionsweise unter das Basilikum rühren, bis das Pesto eine cremige Konsistenz erhält. Mit Salz abschmecken.

!

Auch gut: rotes Pesto. Dafür 25 g Pinienkerne ohne Fettzugabe rösten, bis sie duften, dann abkühlen lassen. 100 g getrocknete, in Öl eingelegte Tomaten abtropfen lassen und dann fein schneiden. 2 Knoblauchzehen schälen und hacken. Pinienkerne, Tomaten, 50 g geriebenen Parmesan und Knoblauch im Mixer oder Mörser zerkleinern. 150 ml Olivenöl untermengen. Mit Salz und Pfeffer würzen.

Käsesoße mit Thymian

Zubereitungszeit:
15 Min.
Garzeit:
10 Min.

Nährwerte pro Person:
374 kcal / 1565 kJ
14 g EW
33 g F
5 g KH

Für 4 Personen:
400 ml Gemüsebrühe
200 g Doppelrahmfrischkäse
150 g Mascarpone
50 g Parmesan
2 Zweige Thymian
2 EL Zitronensaft
Salz
Pfeffer aus der Mühle
Muskatnuss, frisch gerieben
Cayennepfeffer

Käsesoße mit Thymian

1) Gemüsebrühe in einen Topf geben und aufkochen lassen. Frischkäse und Mascarpone zugeben und alles glatt rühren.

2) Parmesan fein reiben und in die Soße rühren. Dann das Ganze bei schwacher Hitze unter ständigem Rühren kochen lassen, bis der Käse geschmolzen ist.

3) Thymian mit kaltem Wasser abbrausen und trocken schütteln. Blättchen von den Zweigen zupfen und fein hacken.

4) Gehackten Thymian zur Käsesoße geben und diese zugedeckt bei schwacher Hitze ca. 10 Minuten köcheln lassen. Dabei immer wieder umrühren.

5) Vor dem Servieren mit etwas Zitronensaft abschmecken. Mit Salz, frisch gemahlenem Pfeffer, Muskatnuss sowie Cayennepfeffer würzen. Käsesoße mit Thymian heiß servieren.

! Die Käsesoße passt besonders gut zu Gnocchi oder zu geformter Pasta wie z. B. Farfalle oder Fusilli, die dicke Sahnesoßen gut aufnimmt.

Gemüsesoße

Zubereitungszeit:
35 Min.

Nährwerte pro Person:
297 kcal / 1243 kJ
4 g EW
24 g F
16 g KH

Für 4 Personen:
1 Bd. Suppengrün
1 Zwiebel
1–2 Knoblauchzehen
2 EL Olivenöl
250 ml Gemüsebrühe
250 g Kochsahne
4 geh. EL Soßenbinder für Gemüse (z. B. von Mondamin)
1 Limette (unbehandelt)
Salz
Pfeffer

Gemüsesoße

1) Suppengrün putzen, mit kaltem Wasser waschen und dann alles in sehr feine Würfel schneiden. Zwiebel sowie Knoblauch schälen und beides ebenfalls in Würfel schneiden.

2) Olivenöl in einer Pfanne erhitzen. Zwiebel und Knoblauch darin unter ständigem Rühren kurz anbraten. Das Gemüse zugeben und 5 Minuten dünsten.

3) Gemüsebrühe und Sahne angießen und das Ganze aufkochen. Den Soßenbinder einrühren und 1 Minute kochen lassen.

4) Limette mit heißem Wasser abwaschen, trocken reiben und die Schale fein abreiben. Dann den Saft auspressen. Die Limettenschale in die Soße einrühren. Die Gemüsesoße mit Limettensaft, Salz und Pfeffer abschmecken.

!

Diese Gemüsesoße passt besonders gut zu Spaghetti. Eine köstliche Würze bekommt dieses Gericht noch, wenn Sie vor dem Servieren 100 g Schafskäse über Soße und Nudeln bröckeln.

Ricotta-Spinat-Soße

Zubereitungszeit:
25 Min.

Nährwerte pro Person:
296 kcal / 1238 kJ
11 g EW
26 g F
4 g KH

12

Für 4 Personen:
1 kleine Zwiebel
1 Chilischote
1 Knoblauchzehe
700 g frischer Spinat (ersatzweise
450 g TK-Blattspinat)
50 g Walnüsse
75 g getrocknete Tomaten in Öl (Glas)
4 EL Olivenöl
Meersalz
Pfeffer
200 g Ricotta
frisches Basilikum zum Garnieren

Ricotta-Spinat-Soße

1) Zwiebel schälen und zusammen mit der Chilischote fein hacken. Knoblauch abziehen und durch eine Presse drücken.

2) Frischen Spinat putzen und gründlich mit kaltem Wasser waschen. Dann in einem Küchensieb gut abtropfen lassen. TK-Spinat nach Packungsangabe vorbereiten.

3) Die Walnüsse hacken. Die getrockneten Tomaten etwas abtropfen lassen und dann in feine Würfel schneiden.

4) Olivenöl in einer Pfanne erhitzen und die gehackten Walnüsse kurz darin anrösten. Zwiebel, Knoblauch, Chili und Tomaten dazugeben und kurz mitbraten.

5) Den Spinat mit in die Pfanne geben und 4–5 Minuten mitgaren. Dabei immer wieder umrühren. Das Ganze mit Meersalz und Pfeffer kräftig abschmecken.

6) Kurz vor dem Servieren Ricotta zur Soße geben. Mit Basilikum garnieren und dann heiß servieren.

!

Zu dieser Soße passen besonders Linguine. Wenn Sie den Ricotta durch Ziegenfrischkäse ersetzen, erhält dieses Gericht eine noch würzigere Note.

Lachscremesoße

Zubereitungszeit:
25 Min.

Nährwerte pro Person:
468 kcal / 1958 kJ
39 g EW
31 g F
8 g KH

Für 4 Personen:

2 Möhren • 2-3 Stangen Sellerie • 2 kleine Zwiebeln • 4 Stängel Dill • 4 EL Olivenöl • 2 EL Mehl (Type 550) • 700 ml Sojadrink natur (z. B. von Alnatura) • Salz • Pfeffer • 2 TL körniger Senf • 2 EL Zitronensaft • 1/2 TL brauner Zucker • 200 g Räucherlachs

Lachscremesoße

1) Möhren schälen, putzen, waschen und in dünne Streifen schneiden. Sellerie putzen, waschen und ebenfalls in feine Streifen schneiden. Die Zwiebeln schälen und fein würfeln. Den Dill abbrausen, trocken schütteln und fein hacken.

2) Olivenöl in einer Pfanne erhitzen und das Gemüse darin bissfest dünsten; dabei ab und zu umrühren. Mehl durch ein Sieb darüberstäuben und kurz mitdünsten.

3) Das Gemüse unter Rühren mit Sojadrink aufgießen und das Ganze aufkochen lassen. Dann mit Salz, Pfeffer, Senf, Zitronensaft, braunem Zucker und Dill würzen, dabei aber nicht mehr kochen lassen.

4) Den Lachs in dünne Streifen schneiden. Dann in die Soße geben und darin erwärmen, ohne dass das Ganze kocht. Die Lachscremesoße warm servieren.

! Reichen Sie zu dieser feinen Lachscremesoße am besten in reichlich gesalzenem Wasser bissfest gegarte Linguine.

Bolognesesoße

Zubereitungszeit:
30 Min.
Garzeit:
1 1/2 Std.

Nährwerte pro Person:
160 kcal / 665 kJ
3 g EW
12 g F
10 g KH

Für 4 Personen:
1 große Zwiebel • 3 Knoblauchzehen • 3 Stangen Sellerie • 3 Möhren • 150 g geräucherter Speck • 3 EL Olivenöl • 500 g gemischtes Hackfleisch • Salz • Pfeffer aus der Mühle • 150 ml trockener Weißwein • 800 g geschälte Tomaten (Dose) • 600 ml Fleischbrühe • 2 EL Crème fraîche

Bolognesesoße

1) Zwiebel schälen, halbieren und fein hacken. Knoblauch abziehen und ebenfalls fein hacken.

2) Selleriestangen waschen, dann putzen und in feine Würfel schneiden. Möhren schälen, bei Bedarf putzen, waschen und klein würfeln. Speck in kleine Würfel schneiden.

3) Olivenöl in einen Topf oder eine hohe Pfanne geben und erhitzen. Zwiebel und Knoblauch hineingeben und bei mittlerer Hitze kurz andünsten.

4) Selleriewürfel, Möhren und Speck in das heiße Öl geben. Das Ganze unter Rühren ca. 10 Minuten anbraten.

5) Das Hackfleisch dazugeben. Bei mittlerer Hitze ca. 10 Minuten krümelig braten, dabei immer wieder umrühren. Mit Salz und frisch gemahlenem Pfeffer würzen. Weißwein angießen und ca. 5 Minuten einkochen lassen.

6) Die Tomaten mit dem Saft aus der Dose zum Fleisch geben und 500 ml Fleischbrühe angießen. Topf halb abdecken und das Ganze bei schwacher Hitze ca. 1 Stunde leise köcheln lassen. Bei Bedarf etwas Brühe nachgießen.

7) Nach 1 Stunde Crème fraîche in die Soße rühren. Nochmals mit Salz und frisch gemahlenem Pfeffer abschmecken und die Soße ca. 15 Minuten weiterköcheln lassen. Dann heiß servieren.

Sugo di Pomodoro

Zubereitungszeit:
30 Min.
Garzeit:
1 Std.

Nährwerte pro Person:
222 kcal / 929 kJ
4 g EW
16 g F
15 g KH

Für 4 Personen:
3 rote Zwiebeln
3 Knoblauchzehen
2 Stangen Sellerie
1 kleine Möhre
1 kg Tomaten
4 EL Olivenöl (z. B. von Alnatura)
2 TL getrockneter Rosmarin
1 EL Zucker
Salz
Pfeffer aus der Mühle

Sugo di Pomodoro

1) Zwiebeln schälen und halbieren, dann fein würfeln. Knoblauch abziehen. Sellerie putzen, von Fäden befreien und waschen. Stangen in feine Scheiben schneiden.

2) Möhre schälen, die Enden abschneiden und Möhre fein würfeln. Tomaten waschen, trocken reiben und vierteln. Stielansätze entfernen und Fruchtfleisch klein schneiden.

3) Olivenöl in einer Pfanne erhitzen. Zwiebelwürfel zugeben und anbraten. Knoblauch im Ganzen zugeben, kurz mitbraten und wieder herausnehmen, dann hacken.

4) Sellerie mit Rosmarin zu den Zwiebeln geben und unterrühren. Nach 2 Minuten Möhrenwürfel, Tomaten, Knoblauch und Zucker hinzufügen. Das Ganze gut durchmischen.

5) Sugo bei geschlossenem Deckel auf niedrigster Stufe mindestens 1 Stunde köcheln lassen. Dann mit Salz und frisch gemahlenem Pfeffer abschmecken. Heiß servieren.

!

Für den Sugo di Pomodoro verwendet man am besten Fleisch- oder Flaschentomaten.

Cabanossi-Mais-Ragout

Zubereitungszeit:
20 Min.
Garzeit:
20 Min.

Nährwerte pro Person:
462 kcal / 1933 kJ
13 g EW
29 g F
37 g KH

Für 4 Personen:
200 g Cabanossi • 1 Zwiebel • 1 Knoblauchzehe • 2 EL Olivenöl • 1 EL Tomatenmark • 500 g geschälte Tomaten (Dose) • 1 EL Zitronensaft • 1/2 TL Zucker • 1/2 TL getrockneter Oregano • Salz • Pfeffer aus der Mühle • Paprikapulver edelsüß • 200 g Maiskörner (Dose) • Schnittlauchröllchen zum Garnieren

Cabanossi-Mais-Ragout

1) Cabanossi in dünne Scheiben schneiden. Zwiebel und Knoblauch schälen, beides in feine Würfel schneiden.

2) Olivenöl in einem Topf erhitzen. Zwiebel- und Knoblauchwürfel zugeben und farblos andünsten. Dann Cabanossischeiben dazugeben und unter Rühren anbraten. Das Tomatenmark hinzufügen und kurz mitbraten.

3) Anschließend das Ganze mit den geschälten Tomaten auffüllen. Tomaten mit einer Gabel zerdrücken und alles zugedeckt bei milder Hitze ca. 20 Minuten leise köcheln lassen.

4) Nach Garzeitende das Ragout mit Zitronensaft, Zucker, Oregano, Salz, frisch gemahlenem Pfeffer und Paprikapulver würzen. Mais abtropfen lassen und dann unterrühren.

5) Das Cabanossi-Mais-Ragout vom Herd ziehen und einige Minuten zugedeckt ziehen lassen. Mit Schnittlauchröllchen bestreuen und heiß servieren.

!

Reichen Sie zu diesem würzig-leckeren Ragout am besten Penne rigate; diese nehmen die Tomatensoße besonders gut auf.

Rote-Bete-Soße mit Mohn

Zubereitungszeit:
35 Min.
Garzeit:
50 Min.

Nährwerte pro Person:
250 kcal / 1046 kJ
6 g EW
17 g F
18 g KH

Für 4 Personen:
600 g Rote Bete
1 EL gekörnte Brühe
1 Lorbeerblatt
1/2 EL gerebelter Majoran
1/2 EL Bohnenkraut
2 EL Weißweinessig
3 Frühlingszwiebeln
3 EL Butter
3 EL Mohn
150 g saure Sahne
Salz
Pfeffer aus der Mühle

Rote-Bete-Soße mit Mohn

1) Rote Bete kalt waschen, mit Küchenhandschuhen schälen, putzen und klein schneiden. In einem Topf 750 ml Wasser zum Kochen bringen, dann gekörnte Brühe und Rote Bete zufügen.

2) Lorbeer, Majoran und Bohnenkraut zugeben. Die Rote Bete bei mittlerer Hitze in ca. 50 Minuten weich kochen. Kurz vor Garzeitende den Weißweinessig zufügen.

3) Frühlingszwiebeln putzen, waschen und in feine Ringe schneiden. Frühlingszwiebeln mit Butter und Mohn in einer Pfanne mehrere Minuten unter Rühren rösten. Zwei Drittel der Zwiebelmischung zur Roten-Bete-Soße geben. Das Lorbeerblatt entfernen und die Soße mit dem Mixstab pürieren.

4) Saure Sahne zufügen und gut unterrühren, dabei die Soße nicht mehr kochen lassen. Mit Salz und mit frisch gemahlenem Pfeffer abschmecken und in eine Sauciere füllen. Mit den restlichen Frühlingszwiebeln garnieren und dann noch heiß servieren.

! Die Rote-Bete-Soße mit Mohn passt nicht nur zu bissfest gegarten Nudeln, sondern auch zu Fisch wie Matjes, Zander oder Heilbutt.

Krabbenquark

Zubereitungszeit:
15 Min.
Ziehzeit:
30 Min.

Nährwerte pro Person:
107 kcal / 448 kJ
7 g EW
7 g F
5 g KH

Für 4 Personen:
1 Zitrone
1 großes Bd. Dill
1 Bd. Schnittlauch
250 g Speisequark
200 g Cremefine zum Verfeinern
1 EL Öl
Salz
Pfeffer
Zucker
100 g Nordseekrabben
3 EL Mineralwasser nach Bedarf

Krabbenquark

1) Den Saft der Zitrone auspressen. Dill sowie Schnittlauch mit kaltem Wasser abbrausen und trocken schütteln. Dillfähnchen von den Stängeln zupfen und grob hacken, Schnittlauch in Röllchen schneiden.

2) Quark, Cremefine und Öl mit einem Schneebesen glatt und cremig rühren. Geschnittenen Dill und Schnittlauch untermengen. Den Quark mit Salz, Pfeffer, Zucker sowie mit Zitronensaft pikant abschmecken.

3) Krabben abbrausen und mit Küchenpapier gut trocken tupfen. Anschließend zur Quarkmischung geben und unterheben. Dann das Ganze abgedeckt ca. 30 Minuten ziehen lassen. Wenn der Quark danach zu fest ist, etwas Mineralwasser unterrühren.

! Verwenden Sie für diesen Krabbenquark am besten Tiefseekrabben, die haben einen besonders intensiven Geschmack. Besonders gut passt dieses Rezept zu heißen Folienkartoffeln.

Zaziki

Zubereitungszeit:
10 Min.
Ziehzeit:
15 Min.

Nährwerte pro Person:
148 kcal / 619 kJ
6 g EW
12 g F
4 g KH

Für 4 Personen:

1 Salatgurke (unbehandelt)
Salz
2 Knoblauchzehen
1 Bd. Schnittlauch
150 g Magermilchjoghurt
200 g Sahnequark
3 EL Pflanzenöl (z. B. von Livio)
Pfeffer aus der Mühle
Gurkenscheiben zum Garnieren

Zaziki

1) Gurke gründlich waschen und trocken reiben. Dann grob auf der Küchenreibe raspeln. In eine Schüssel geben und mit Salz bestreuen. 15 Minuten Wasser ziehen lassen.

2) Knoblauchzehen schälen und fein hacken. Schnittlauch abbrausen, trocken schütteln und in feine Röllchen schneiden. Joghurt und Quark mit Knoblauch, Schnittlauch sowie Pflanzenöl in eine Schüssel geben und glatt rühren.

3) Die Gurkenraspel abgießen und gut ausdrücken, dann zum Joghurt-Sahnequark geben und das Ganze vermengen. Mit Salz und mit frisch gemahlenem Pfeffer abschmecken. Zaziki mit Gurkenscheiben garnieren und dann servieren.

!

In Griechenland reicht man Zaziki gerne mit Brot als Vorspeise. Er passt aber auch hervorragend als Begleiter zu gegrilltem Gemüse wie Zucchini oder Aubergine. Lecker schmeckt die Soße natürlich auch zu Fleischgerichten wie Gyros.

Guacamole

Zubereitungszeit:
15 Min.

Nährwerte pro Person:
261 kcal / 1092 kJ
1 g EW
22 g F
3 g KH

Für 4 Personen:
2 Knoblauchzehen
1 Stück frischer Ingwer
4 Avocados
1 Zitrone
4 EL Olivenöl
Salz
Chilipulver

Guacamole

1) Die Knoblauchzehen abziehen und dann fein hacken oder durch eine Presse drücken. Ingwer schälen und ebenfalls sehr klein schneiden oder fein reiben.

2) Avocados halbieren und den Kern entfernen. Das Fruchtfleisch aus der Schale lösen und dann mit einer Gabel gut zerkleinern. Die Zitrone halbieren und auspressen. Die Hälfte vom Saft mit den zerkleinerten Avocados vermischen.

3) Olivenöl, Knoblauch und Ingwer unter die Avocadomasse mengen. Mit Salz und Chilipulver würzen. Dann Guacamole nochmals mit Zitronensaft abschmecken.

!

Diese Avocadocreme, die ursprünglich aus Mexiko stammt, wird gerne zu Tortillachips gereicht. Aber auch auf geröstetem Weißbrot schmeckt sie lecker. Oder wie wäre es mit Guacamole als Dip zu Gegrilltem?

Walnuss-Kartoffel-Creme mit Gemüsesticks

Zubereitungszeit:
30 Min.

Nährwerte pro Person:
269 kcal / 1128 kJ
7 g EW
17 g F
20 g KH

Für 4 Personen:
2 mehligkochende Kartoffeln • Salz • 50 g Walnusskerne • 1 Zitrone (unbehandelt) • 1–2 Knoblauchzehen • 1 TL Olivenöl • 2 TL frische Thymianblättchen • 40 g entsteinte schwarze Oliven • 4 Möhren • 1 Bd. Stangensellerie • je 1 rote, grüne und gelbe Paprikaschote • 150 g Joghurt (10 % Fett) • Pfeffer aus der Mühle

Walnuss-Kartoffel-Creme mit Gemüsesticks

1) Die Kartoffeln waschen und in reichlich Salzwasser garen. Anschließend abgießen, pellen und durch eine Kartoffelpresse in eine Schüssel drücken.

2) Walnüsse hacken und in einer Pfanne ohne Fettzugabe unter Rühren goldbraun rösten, bis sie duften. Zum Auskühlen auf einen Teller geben. Zitrone heiß waschen, trocken reiben und die Schale abreiben, den Saft auspressen.

3) Knoblauch schälen und hacken. Olivenöl in einer kleinen Pfanne erhitzen. Knoblauch und Thymian kurz darin braten. Die Oliven fein schneiden.

4) Die Möhren schälen, putzen und längs halbieren, große Exemplare vierteln. Stangensellerie und Paprikaschoten waschen, putzen und in Streifen schneiden.

5) Kartoffelbrei mit Joghurt verrühren. So viel Zitronensaft unterrühren, bis eine Creme entsteht.

6) Dip mit Salz und frisch gemahlenem Pfeffer würzen. Knoblauch-Thymian-Mischung, Walnüsse, Zitronenschale und Oliven unterrühren. Walnuss-Kartoffel-Creme nochmal würzig abschmecken und mit den Gemüsesticks anrichten.

Grüne Soße

Zubereitungszeit:
25 Min.

Nährwerte pro Person:
249 kcal / 1042 kJ
13 g EW
19 g F
7 g KH

Für 4 Personen:

4 Eier
300 g Naturjoghurt (z. B. von Alnatura)
200 g saure Sahne
2 EL Salatmayonnaise
1 EL mittelscharfer Senf
1 TL Rohrohrzucker
1 EL Apfelessig
100 g Kräutermischung für Frankfurter grüne Soße (frisch oder TK)
Meersalz
schwarzer Pfeffer

Grüne Soße

1) Eier an der stumpfen Seite anstechen. In reichlich Wasser in ca. 8 Minuten hart kochen. Danach abgießen und kalt abschrecken.

2) Joghurt mit saurer Sahne, Salatmayonnaise und mittelscharfem Senf glatt rühren. Mit Zucker und Apfelessig abschmecken.

3) Kräutermischung verlesen, kalt waschen und gründlich trocken tupfen. Mit einem Messer grob vorhacken und dann im Mixer mittelfein zerkleinern.

4) Eier schälen und in grobe Stücke schneiden. Mit den Kräutern unter die Joghurt-Sahne heben. Grüne Soße mit Salz und schwarzem Pfeffer abschmecken.

!

Sehr gut schmecken zu Grüner Soße, eine Spezialität aus Frankfurt am Main, neue Kartoffeln und hart gekochte Eier.
Die Kräutermischung für die Grüne Soße, Grie Sooß, wie man in Frankfurt sagt, erhalten Sie meist nur regional fertig zusammengestellt. Man kann sie natürlich auch selbst kombinieren: Dafür 1 Kästchen Kresse, je 1/2 Bd. Kerbel, Schnittlauch und Petersilie, 6 Blätter Borretsch, 3 Zweige Sauerampfer sowie 2 Zweige Pimpinelle verwenden.

Sauce hollandaise

Zubereitungszeit:
20 Min.

Nährwerte pro Person:
510 kcal / 2134 kJ
2 g EW
55 g F
1 g KH

Für 4 Personen:
250 g Butter
2 Eigelb
4 EL trockener Weißwein
Zitronensaft
Salz
weißer Pfeffer
Zitronen- und Limettenzesten zum Garnieren

Sauce hollandaise

1) Die Butter in einen kleinen Topf geben und zerlassen. Den dabei entstehenden Schaum abschöpfen.

2) Eigelb und trockenen Weißwein in eine Metallschüssel geben. Das Ganze über einem heißen Wasserbad mit einem Schneebesen cremig schlagen. Das Wasser im Wasserbad darf aber nicht kochen, da das Ei sonst gerinnt.

3) Anschließend das geschlagene Eigelb aus dem Wasserbad heben. Die zerlassene Butter zuerst tropfenweise, dann in einem dünnen Strahl unter ständigem Rühren dazugeben, bis eine sämige glänzende Soße entstanden ist.

4) Die Soße mit Zitronensaft, Salz und weißem Pfeffer abschmecken. Sauce hollandaise in eine Sauciere geben. Mit Zitronen- und Limettenzesten garnieren und dann servieren.

!

Sauce hollandaise ist die klassische Soße zu Spargel. Sie schmeckt aber auch hervorragend zu Brokkoli, jungen Kartoffeln, Möhren oder anderem blanchierten bzw. gekochten Gemüse. Oder wie wäre es mit zartem Fisch- oder Geflügelfilet?

Hummus

Zubereitungszeit:
15 Min.
Garzeit:
30 Min.

Nährwerte pro Person:
221 kcal / 925 kJ
7 g EW
13 g F
19 g KH

Für 4 Personen:

400 g Kichererbsen (Dose)
2 Knoblauchzehen
3 EL Sesampaste (Tahin)
4 EL Sesamöl
5 EL Zitronensaft
Harissapaste
Salz

Hummus

1) Kichererbsen samt Flüssigkeit in einen Topf geben. Den Deckel auflegen und die Kichererbsen in 20 – 30 Minuten weich kochen. Anschließend in ein Sieb abgießen und dabei die Flüssigkeit auffangen. Die Kichererbsen abtropfen lassen.

2) Knoblauch schälen, mit einem breiten Messerrücken zerdrücken und in den Mixer geben. Kichererbsen, Sesampaste, Sesamöl und Zitronensaft zugeben und alles fein pürieren.

3) Hummus mit Harissapaste und Salz abschmecken und je nach gewünschter Konsistenz evtl. etwas Kochwasser untermischen.

!

Dazu passt Pfannenbrot. Dafür 15 g frische Hefe in 175 ml Wasser auflösen. 250 g Mehl mit der Hefelösung und 1/2 TL Salz zu einem glatten Teig verkneten. Abgedeckt an einem warmen Ort ca. 1 Stunde gehen lassen. Brotteig in 4 Stücke teilen, zu Bällchen formen und auf der bemehlten Arbeitsfläche ca. 1/2 cm dick ausrollen. Teigfladen abdecken und weitere 20 Minuten gehen lassen. Eine schwere Pfanne ohne Fett erhitzen und die Fladen darin bei starker Hitze 3 – 4 Minuten backen, bis sie leicht braun sind. Dabei ständig mit einem Tuch auf die Fladen drücken, damit sich keine Blasen bilden.

Hackfleisch-Möhren-Dip

Zubereitungszeit:
25 Min.

Nährwerte pro Person:
287 kcal / 1201 kJ
16 g EW
25 g F
5 g KH

Für 4 Personen:
150 g Möhren • 1 Knoblauchzehe • 1 Zwiebel • 2 EL Öl • 300 g gemischtes Hackfleisch • Salz • 2 Msp. geschroteter Chili • 250 ml Möhrensaft • 2 EL feine Erdnussbutter • 2 EL dunkler Soßenbinder (z. B. von Mondamin) • Pfeffer • Zucker • Petersilie zum Garnieren

Hackfleisch-Möhren-Dip

1) Die Möhren schälen, waschen und anschließend in kleine Würfel schneiden. Knoblauchzehe und Zwiebel schälen. Knoblauch durch eine Presse drücken, die Zwiebel fein würfeln.

2) Öl in einer Pfanne erhitzen. Dann Knoblauch, Zwiebel- sowie die Möhrenwürfel hineingeben und unter häufigem Rühren kurz andünsten.

3) Das Hackfleisch in die Pfanne geben und darin krümelig anbraten; immer wieder umrühren. Mit Salz und mit geschrotetem Chili würzen. 100 ml Wasser und Möhrensaft angießen. Die Erdnussbutter einrühren und die Hackfleischmischung 2–3 Minuten köcheln lassen.

4) Soßenbinder einrühren und das Ganze 1 Minute kochen lassen, bis es etwas andickt. Den Hackfleisch-Möhren-Dip mit Salz, Pfeffer und Zucker abschmecken. Mit Petersilie garnieren und noch lauwarm servieren.

!

Der Hackfleisch-Möhren-Dip ist ein idealer Begleiter zu gegrillten Spitzpaprikaschoten.

Koriandderdip

Zubereitungszeit:
10 Min.
Ziehzeit:
20 Min.

Nährwerte pro Person:
69 kcal / 288 kJ
3 g EW
1 g F
10 g KH

Für 4 Personen:
1 Chilischote
1 Stück frischer Ingwer
1/2 Bd. Basilikum
1/2 Bd. Koriander
6 EL Teriyaki
Saft von 1 Limette

Korianderdip

1) Die Chilischote längs aufschlitzen, von den Kernen befreien, unter fließendem Wasser waschen und in feine Würfel schneiden. Ingwer schälen und fein reiben.

2) Basilikum und Koriander waschen, trocken schütteln und Blätter von den Stängeln zupfen. Die Blätter fein hacken.

3) Teriyaki, Limettensaft, klein geschnittene Chili, geriebenen Ingwer, gehacktes Basilikum und Koriander gut verrühren. Den Dip vor dem Servieren ca. 20 Minuten ziehen lassen.

!

Reichen Sie zu diesem Korianderdip Gemüsesticks aus Salatgurke, Fingermöhrchen, Rettich und Stangensellerie.

Tomatensalsa

Zubereitungszeit:
20 Min.

Nährwerte pro Person:
124 kcal / 519 kJ
2 g EW
11 g F
6 g KH

Für 4 Personen:

8 Tomaten
4 Stängel Petersilie
1 TL Honig
4 EL Olivenöl
1 Zwiebel
1 Knoblauchzehe
1 grüne Chilischote
Zitronensaft
Meersalz
Cayennepfeffer

Tomatensalsa

1) Tomaten kalt waschen. Die Hälfte oben kreuzweise einritzen, mit kochend heißem Wasser überbrühen und eiskalt abschrecken. Dann häuten, vierteln und entkernen. Den Rest der Tomaten ungeschält vierteln, entkernen und klein würfeln.

2) Petersilie abbrausen, trocken schütteln und Blättchen fein hacken. Die gehäuteten Tomaten mit einer Gabel zerdrücken. Honig, Olivenöl und Petersilie untermengen.

3) Die Zwiebel und den Knoblauch schälen und beides fein würfeln. Chilischote waschen, putzen und fein hacken. Zusammen mit Zwiebel-, Knoblauch- und Tomatenwürfeln unter das Tomatenpüree mengen.

4) Tomatensalsa mit Zitronensaft, Meersalz und Cayennepfeffer würzig abschmecken. Vor dem Servieren noch kurz durchziehen lassen.

!

Diese Tomatensalsa passt hervorragend zu gegrilltem Fisch und gegrilltem Fleisch. Klassisch wird sie natürlich gerne zu Tortillachips gereicht.

Dunkle Buttersoße

Zubereitungszeit:
25 Min.

Nährwerte pro Person:
355 kcal / 1485 kJ
6 g EW
34 g F
5 g KH

Für 4 Personen:

170 g Butter
1 rote Zwiebel
1 Knolle Rote Bete
1 TL dunkler Balsamico-Essig
250 ml Krebsfond (Glas)
1 walnussgroßes Stück Meerrettich
2 EL Portwein

Dunkle Buttersoße

1) Die Butter bis auf 1 EL in Stückchen schneiden. Die Butterstückchen in das Gefrierfach geben. Rote Zwiebel schälen und fein hacken. Rote Bete mit Küchenhandschuhen schälen, putzen und in kleine Würfel schneiden.

2) Die übrige Butter in einem Topf erhitzen. Zwiebel sowie die Rote Bete zugeben und unter Rühren andünsten. Dann Balsamico-Essig und Krebsfond angießen. Meerrettich schälen, fein reiben und danach unter den Sud rühren. Das Ganze bei mittlerer Hitze unter Rühren auf ein Viertel einreduzieren lassen.

3) Die Soße dann durch ein Sieb streichen, die eisgekühlte Butter zufügen und mit dem Pürierstab aufmixen. Die dunkle Buttersoße mit Portwein abschmecken.

!

Dunkle Buttersoße wird klassisch zu pochiertem oder gedünstetem Fischfilet und Meeresfrüchten serviert. Aber auch zu kurzgebratenem roten Fleisch schmeckt sie sehr gut. Dann am besten den beim Braten in der Pfanne ausgetretenen Fleischsaft vor dem Servieren unter die Soße mengen.

Helle Buttersoße

Zubereitungszeit:
25 Min.

Nährwerte pro Person:
316 kcal / 1322 kJ
6 g EW
32 g F
2 g KH

Für 4 Personen:
160 g Butter
1 Schalotte
100 ml Weißwein
1 TL Fischsoße
250 ml Fischfond (Glas)
1 TL heller Balsamico-Essig

Helle Buttersoße

1) Die Butter bis auf 1 EL in Stückchen schneiden und diese in das Gefrierfach geben. Schalotte schälen und fein hacken.

2) Den übrigen EL Butter in einem Topf erhitzen und die Schalotte darin unter Rühren glasig dünsten. Mit Weißwein ablöschen. Dann Fischsoße, Fischfond und den hellen Essig dazugeben.

3) Das Ganze bei sehr milder Hitze so lange köcheln lassen, bis der Sud auf ca. ein Viertel einreduziert ist. Dann den Sud durch ein feines Sieb streichen.

4) Die eisgekühlte Butter zur Soße geben. Das Ganze mit dem Pürierstab kräftig aufmixen. Anschließend servieren.

!

Wie die dunkle Buttersoße wird die helle Buttersoße gerne zu Fisch und Meeresfrüchten gereicht. Soll sie zu Fleisch (am besten weißes Fleisch) serviert werden, den Fisch- durch Hühnerfond ersetzen.

Cocktailsoße

Zubereitungszeit:
10 Min.

Nährwerte pro Person:
290 kcal / 1213 kJ
2 g EW
28 g F
5 g KH

Für 4 Personen:
150 g Mayonnaise (selbst gemacht oder Glas)
3 EL Ketchup
2 cl Cognac
1 EL Tomatenmark
Zitronensaft
1 TL Meerrettich
Worcestersoße
Salz
Cayennepfeffer

Cocktailsoße

1) Mayonnaise in eine Rührschüssel geben. Ketchup zufügen und das Ganze mit einem Schneebesen glatt rühren. Cognac zugeben und untermengen.

2) Das Tomatenmark unterrühren. Etwas Zitronensaft und Meerrettich untermengen. Dann die Soße mit Worcestersoße, Salz und Cayennepfeffer würzen und abschmecken.

3) Die Cocktailsoße bis zum Servieren abdecken und in den Kühlschrank stellen. Bei Bedarf danach nochmals mit Zitronensaft, Salz und Cayennepfeffer abschmecken.

!

Servieren Sie die Cocktailsoße zu Meeresfrüchten wie z. B. Garnelen. Auch als Begleiter zu einem klassischen Fleischfondue macht sich diese Soße gut.
Wer es etwas leichter mag, gibt noch 2 EL Joghurt dazu; dies aber erst kurz vor dem Servieren und die Cocktailsoße dann nochmal würzig abschmecken.

Senfsoße

Zubereitungszeit:
15 Min.
Garzeit:
10 Min.

Nährwerte pro Person:
335 kcal / 1402 kJ
4 g EW
27 g F
11 g KH

Für 4 Personen:
1 Schalotte
100 g Knollensellerie
1 Knoblauchzehe
1 Bd. Dill
2 EL Butter
2 EL Mehl
200 ml Weißwein
200 g Sahne
2 EL Crème fraîche
1 TL Honig
2 EL scharfer Senf
Salz

Senfsoße

1) Schalotte abziehen und putzen. Dann halbieren und fein würfeln. Sellerie schälen, putzen und ebenfalls klein schneiden. Knoblauch abziehen und fein hacken.

2) Dill kalt abbrausen und trocken schütteln. Grobe Stielenden abschneiden und den Rest fein hacken.

3) Butter in einen Topf geben und erhitzen. Schalotte, Sellerie und Knoblauch zugeben. Mehl durch ein Sieb darüberstäuben. Das Ganze farblos anschwitzen.

4) Mit Weißwein ablöschen. Bei mittlerer Hitze auf die Hälfte einköcheln lassen. Danach den Topf vom Herd nehmen und alles fein pürieren. Das Ganze wieder auf die Herdplatte stellen und die Sahne angießen. Sämig köcheln lassen.

5) Crème fraîche einrühren und die Soße mit Honig, Senf und Salz würzig abschmecken. Abschließend gehackten Dill einrühren.

!

Die Senfsoße passt hervorragend zu gedünstetem Fisch oder auch zu Graved Lachs. Sie ist außerdem ein idealer Begleiter zu hart gekochten Eiern.

Remouladensoße

Zubereitungszeit:
20 Min.

Nährwerte pro Person:
718 kcal / 3004 kJ
10 g EW
74 g F
6 g KH

Für 4 Personen:
2 Eier • 2 Eigelb • 1 EL mittelscharfer Senf • 250 ml Pflanzenöl • 4 EL Weißweinessig • 4 EL Crème fraîche • 1 Bd. gemischte Kräuter (z. B. Kerbel, Dill, Schnittlauch, Kresse, Petersilie) • 1 EL Kapern • 1 kleine Zwiebel • 3 Gewürzgurken • 2 Sardellenfilets • Salz • Pfeffer aus der Mühle

Remouladensoße

1) Die ganzen Eier an der stumpfen Seite anstechen, in einen Topf legen und mit Wasser bedecken. Eier in ca. 8 Minuten hart kochen. Dann abgießen und Eier mit eiskaltem Wasser abschrecken.

2) Eier abkühlen lassen, dann schälen und halbieren. Das Eigelb herauslösen, in eine kleine Schüssel geben und dann mit einer Gabel zerkleinern.

3) Rohes Eigelb und Senf zum gekochten Eigelb geben. Das Ganze mit einer Gabel gut verrühren. Das Pflanzenöl tropfenweise einfließen lassen und dabei mit dem Schneebesen kräftig unterschlagen, sodass eine cremige Soße entsteht.

4) Essig sowie Crème fraîche zur Soße geben und unterziehen. Die Kräuter mit kaltem Wasser abbrausen und trocken schütteln. Ohne grobe Stielenden fein hacken.

5) Kapern hacken. Zwiebel abziehen und bei Bedarf putzen, dann fein würfeln. Enden der Gewürzgurken abschneiden und die Gurken ebenfalls in sehr feine Würfel schneiden.

6) Sardellenfilets unter fließendem kaltem Wasser abspülen, mit Küchenpapier trocken tupfen und klein schneiden. Hart gekochtes Eiweiß hacken.

7) Kräuter, Kapern, Zwiebel- und Gurkenwürfel, Sardellenfilets sowie gehacktes Eiweiß unter die Remoulade mischen. Die Soße mit Salz und frisch gemahlenem Pfeffer würzig abschmecken.

Mangorelish

Zubereitungszeit:
20 Min.

Nährwerte pro Person:
206 kcal / 862 kJ
2 g EW
2 g F
43 g KH

Für 4 Personen:
2 reife Mangos
2 Limetten (unbehandelt)
2 Knoblauchzehen
4 Schalotten
1 großes Stück Ingwer
8 EL Reisessig
100 g Zucker

Mangorelish

1) Die Mangos schälen, das Fruchtfleisch von den Kernen schneiden und klein würfeln. Limetten heiß waschen, trocken reiben und erst in dünne Scheiben, dann in Streifen schneiden. Knoblauch, Schalotten sowie Ingwer schälen und fein hacken.

2) Essig und Zucker mit 4 EL Wasser im Wok oder in einem kleinen Topf aufkochen. Dabei rühren, bis sich der Zucker aufgelöst hat. Anschließend die Zuckermischung erkalten lassen.

3) Mangowürfel, Limettenstücke, Knoblauch, Schalotten und Ingwer unter die Zuckermischung rühren. Das Relish vor dem Servieren noch etwas durchziehen lassen.

!

Reichen Sie zu diesem Mangorelish Fischbällchen. Hierfür 300 g küchenfertiges Kabeljaufilet klein schneiden und mit 2 EL roter Currypaste und 1 Ei in der Küchenmaschine zu einer Paste verarbeiten. 1 EL Fischsoße, 2 EL Maisstärke und etwas Zucker unterrühren. 1 grüne Peperoni hacken, mit ein wenig Zitronenschale (unbehandelt) und 1 EL frisch gehacktem Koriander dazugeben. Aus je 1 knappem EL Fischteig kleine Bällchen formen, diese etwas flach drücken und in Sonnenblumenöl in 4–5 Minuten goldbraun braten.

Weißweinsoße

Zubereitungszeit:
20 Min.

Nährwerte pro Person:
193 kcal / 808 kJ
6 g EW
11 g F
9 g KH

Für 4 Personen:
1 Zwiebel
1 EL Butter
2 EL Mehl
150 - 200 ml lieblicher Weißwein
200 ml Fisch-, Geflügel- oder Gemüsefond (je nach Gericht, Glas)
1/2 Bd. Schnittlauch
100 g Crème fraîche mit Kräutern
Salz
Pfefferkörner, zerstoßen

Weißweinsoße

1) Zwiebel schälen und fein würfeln. Die Butter in einen Topf geben und erhitzen. Zwiebelwürfel darin unter Rühren andünsten. Mit Mehl bestäuben und hellbraun anrösten.

2) Weißwein langsam und unter ständigem Rühren zu den Zwiebeln gießen. Nur so viel Wein unterrühren, bis eine breiige Masse entstanden ist.

3) Fond zugeben und gut verrühren. Das Ganze zum Kochen bringen, einmal aufkochen lassen und dann durch ein Sieb streichen.

4) Schnittlauch waschen, trocken schütteln und in feine Röllchen schneiden. Crème fraîche zur Soße geben und das Ganze mit dem Pürierstab aufmixen.

5) Schnittlauch zur Weißweinsoße geben und das Ganze mit Salz und zerstoßenen Pfefferkörnern würzen. Soße nochmals abschmecken und dann servieren.

!

Die Weißweinsoße passt nicht nur zu hellem Fleisch, sondern auch zu fein gedünstetem Gemüse.

Meerrettichsoße

Zubereitungszeit:
15 Min.

Nährwerte pro Person:
141 kcal / 590 kJ
4 g EW
9 g F
11 g KH

Für 4 Personen:

1 Apfel
4 cm frischer Meerrettich
etwas Zitronensaft
1 EL Preiselbeergelee
100 g Joghurt
100 g Frischkäse
Salz
weißer Pfeffer
Honig nach Wunsch

Meerrettichsoße

1) Apfel und Meerrettich schälen. Apfel vierteln und das Kernhaus herausschneiden. Apfel und Meerrettich auf der Küchenreibe fein raspeln.

2) Apfel- und Meerrettichraspel mit etwas Zitronensaft und Preiselbeergelee vermengen. Joghurt mit Frischkäse glatt rühren und unter die Meerrettichmischung rühren.

3) Die Meerrettichsoße mit Salz, weißem Pfeffer und Zitronensaft abschmecken. Nach Wunsch und Geschmack noch mit ein wenig Honig würzen.

!

Die Meerrettichsoße passt hervorragend zu Seefischen. Aber die pikante Würze des Meerrettichs macht sich auch zu gekochten neuen Kartoffeln sehr gut.

Sauce bearnaise

Zubereitungszeit:
25 Min.

Nährwerte pro Person:
185 kcal / 774 kJ
4 g EW
17 g F
1 g KH

Für 4 Personen:
4 Stängel Kerbel
2 Zweige Estragon
2 Schalotten
100 ml Weißwein
1 EL weißer Balsamico-Essig
4 Eigelb
50 g Butter, flüssig
Salz
Pfeffer aus der Mühle

Sauce bearnaise

1) Kerbel und Estragon abbrausen, trocken tupfen und die Blättchen abzupfen. Blättchen hacken. Die Schalotten abziehen und ebenfalls hacken.

2) Kerbel, Estragon und Schalotten mit Weißwein und Essig in einen Topf geben. Das Ganze zum Kochen bringen und bei milder bis mittlerer Hitze um die Hälfte reduzieren lassen. Anschließend auf Zimmertemperatur abkühlen lassen.

3) Danach Eigelb in eine Rührschüssel geben und mit dem Weinsud glatt rühren. Die Soße über einem heißen Wasserbad weiß-schaumig aufschlagen. Das Wasser darf dabei aber nicht kochen, da sonst das Ei gerinnt.

4) Dann die Soße aus dem Wasserbad heben und die flüssige Butter in einem Strahl langsam hineinlaufen lassen. Dabei ständig weiter schlagen. Mit Salz und frisch gemahlenem Pfeffer abschmecken und servieren.

!

Dieser Soßenklassiker passt fantastisch zu gedünstetem Fisch. Aber auch zu gegrilltem Fleisch und frischem Spargel ist die Sauce béarnaise ein wahrer Genuss.

Kapernsoße

Zubereitungszeit:
20 Min.

Nährwerte pro Person:
505 kcal / 2113 kJ
2 g EW
54 g F
4 g KH

Für 4 Personen:
2 frische Eigelb
Salz
1 TL scharfer Senf
2 EL Zitronensaft
200 ml Keimöl
2 EL Kapern
1/4 Bd. Schnittlauch
weißer Pfeffer

Kapernsoße

1) Eigelb mit 1 Prise Salz, Senf und 1 EL Zitronensaft in eine hohe Rührschüssel geben. Mit einem Schneebesen oder den Quirlen des Handrührgerätes das Ganze kräftig schlagen, bis die Masse schaumig wird.

2) Das Keimöl zuerst tröpfchenweise einrühren und dann in einem dünnen Strahl einfließen lassen. Dabei ständig weiter rühren und immer nur so viel Öl nachgießen, dass es sogleich vom Eigelb gebunden wird. So lange rühren, bis das Ganze zu einer dicklichen cremigen Mayonnaise wird.

3) Die Kapern unter die Mayonnaise mengen. Schnittlauch abbrausen, trocken schütteln und in feine Röllchen schneiden. Kapernsoße mit Salz, Pfeffer und übrigem Zitronensaft abschmecken. Mit Schnittlauch bestreuen und servieren.

!

Bei der Zubereitung der Mayonnaise ist es wichtig, dass alle Zutaten Zimmertemperatur haben.
Die Kapernsoße passt hervorragend zu gegrilltem Thunfisch, aber auch zu Roastbeef macht sie eine gute Figur.

Tomaten-Basilikum-Soße

Zubereitungszeit:
15 Min.

Nährwerte pro Person:
160 kcal / 665 kJ
3 g EW
12 g F
10 g KH

Für 4 Personen:
100 g Tomatenmark • 100 ml Weißwein • 1 EL Zucker • 50 ml Sonnenblumenöl (z. B. von Livio) • Pfeffer aus der Mühle • Salz • Cayennepfeffer • 2 Tomaten • 1 Bd. Basilikum • 1/2 Bd. glatte Petersilie • 50 g getrocknete Tomaten in Öl (Glas) • Basilikum zum Garnieren

Tomaten-Basilikum-Soße

1) Tomatenmark mit Weißwein, Zucker und Sonnenblumenöl in eine Schüssel geben und mit einem Schneebesen glatt rühren. Die Soße dann kräftig mit frisch gemahlenem Pfeffer, Salz und Cayennepfeffer würzen.

2) Die frischen Tomaten kalt waschen, trocken reiben und vierteln. Kerne entfernen und das Fruchtfleisch würfeln, dabei die Stielansätze herausschneiden.

3) Basilikum und Petersilie waschen, trocken schütteln und Blättchen von den Stängeln zupfen. Blättchen fein hacken.

4) Getrocknete Tomaten aus dem Glas nehmen und leicht abtropfen lassen. Danach in kleine Würfel schneiden. Zusammen mit den frischen Tomatenstücken und den gehackten Kräutern zur Tomatenmarkmischung geben und unterrühren.

5) Tomaten-Basilikum-Soße mit Basilikumblättern garnieren und dann servieren.

!

Diese Tomaten-Basilikum-Soße passt hervorragend als Begleiter zu einem Fleischfondue. Noch fruchtiger wird die Soße, wenn statt des Weißweins ca. 50 ml Traubensaft hinzugefügt wird.

Cranberry-Orangen-Chutney

Zubereitungszeit:
25 Min.

Nährwerte pro Person:
91 kcal / 381 kJ
1 g EW
1 g F
18 g KH

Für 6 Personen:
340 g frische Cranberrys
4 Orangen
4 EL Zucker
200 ml Apfelsaft
100 ml Weißwein
1 Zimtstange
10 – 12 Sternanise
Salz
Pfeffer aus der Mühle

Cranberry-Orangen-Chutney

1) Die Cranberrys verlesen, kalt abbrausen und in einem Küchensieb gut abtropfen lassen. Orangen mit der weißen Haut gründlich schälen und dann die Filets aus den Zwischenhäuten lösen, dabei den Saft auffangen.

2) Den Zucker in einem Topf honigfarben karamellisieren lassen. Cranberrys zugeben und das Ganze unter Rühren dunkel karamellisieren lassen. Dann Orangenfilets und Orangensaft mit Apfelsaft, Weißwein, Zimt und Sternanisen einrühren.

3) Den Sud so lange offen bei mäßiger Hitze köcheln lassen, bis eine dickliche Soße entsteht. Dabei ab und zu umrühren. Dann Zimt und Sternanise entfernen. Cranberry-Orangen-Chutney mit Salz und 1 Prise frisch gemahlenem Pfeffer abschmecken.

!

Dieses Cranberry-Orangen-Chutney, das z. B. wunderbar zu Wild passt, schmeckt auch sehr gut, wenn Sie es anstelle von Sternanisen mit frisch geriebener Ingwerwurzel und 1 Msp. gemahlener Nelke würzen.

Exotischer Pflaumendip

Zubereitungszeit:
20 Min.
Garzeit:
30 Min.

Nährwerte pro Person:
100 kcal / 418 kJ
1 g EW
1 g F
21 g KH

Für 4 Personen:

300 g reife Pflaumen
2 cm frische Ingwerwurzel
2 Knoblauchzehen
2 1/2 EL brauner Zucker
2 kleine frische rote Chilischoten
1/2 TL Garnelenpaste
1 1/2 EL Fisch- oder helle Sojasoße
1–2 EL Weißweinessig
Salz
Honig

Exotischer Pflaumendip

1) Die Pflaumen waschen, trocken reiben und dann halbieren. Entsteinen und das Fruchtfleisch grob würfeln. Den Ingwer schälen und hacken. Knoblauch abziehen und fein hacken.

2) Braunen Zucker mit 50 ml Wasser aufkochen. Pflaumen, Ingwer und Knoblauch dazugeben und 30 Minuten leise köcheln lassen. Dabei immer wieder umrühren.

3) Sind die Pflaumen zerfallen, das Ganze in den Mixer geben und fein pürieren. Alternativ kann es auch durch ein feines Sieb gestrichen werden.

4) Die Chilischoten längs aufschneiden, entkernen und waschen. Dann die Schoten in sehr feine Streifen schneiden. Mit Garnelenpaste und Fisch- oder Sojasoße unter den Dip rühren.

5) Den Pflaumendip vor dem Servieren abkühlen lassen. Dann mit Essig, Salz und Honig süßsauer abschmecken.

! Dieser asiatisch-exotische Dip passt besonders gut zu gebratener Ente aus dem Wok. Außerdem ist er der perfekte Begleiter zu krossen Frühlingsrollen.

Knoblauch-Paprika-Dip mit Walnüssen

Zubereitungszeit:
25 Min.

Nährwerte pro Person:
477 kcal / 1996 kJ
6 g EW
46 g F
11 g KH

Für 4 Personen:

1 Orange
1 Scheibe Toastbrot
1 kleine rote Paprikaschote
1/2 kleine rote Chilischote
200 g Salatmayonnaise
50 g fettarmer Joghurt
Salz
Pfeffer aus der Mühle
3 Knoblauchzehen
50 g kalifornische Walnüsse

Knoblauch-Paprika-Dip mit Walnüssen

1) Orange halbieren und den Saft auspressen. Toastbrot entrinden und sehr klein würfeln. Das Brot mit dem Orangensaft vermischen und ca. 5 Minuten beiseitestellen.

2) Paprikaschote vierteln, von Kernen und von weißen Innenhäuten befreien und das Fruchtfleisch kalt waschen. Die Schote mit einem Sparschäler schälen und klein würfeln.

3) Die Chilischote putzen, ebenfalls waschen und fein hacken. Paprikawürfel und Chili zum Toastbrot geben und mit dem Mixstab fein pürieren.

4) Mayonnaise mit Joghurt glatt rühren. Mit Salz und mit frisch gemahlenem Pfeffer würzen. Knoblauchzehen schälen und zur Mayonnaise pressen.

5) Die Mayonnaisemischung zum Paprikapüree geben und alles nochmals durchmixen. Walnüsse hacken und untermischen. Nach Wunsch nochmals mit Salz und Pfeffer abschmecken.

!

Besonders gut schmeckt dieser Knoblauch-Paprika-Dip zu gegrillten Lammkoteletts, die zuvor mit einigen Rosmarinzweigen in Olivenöl mariniert werden.

Minzsoße

Zubereitungszeit:
15 Min.

Nährwerte pro Person:
246 kcal / 1029 kJ
1 g EW
25 g F
4 g KH

Für 4 Personen:
1 Bd. Minze
60 ml Weißweinessig
2 EL Zitronensaft
1 TL Honig
100 ml Sonnenblumenöl
Salz
Zucker

Minzsoße

1) Minze unter fließendem kaltem Wasser abbrausen und gut trocken schütteln. Die Blättchen von den Stängeln zupfen und Blättchen dann möglichst fein hacken.

2) Den Weißweinessig mit Zitronensaft in ein hohes Plastikgefäß geben. Honig zufügen. Sonnenblumenöl in einem möglichst dünnen Strahl einlaufen lassen. Dabei mit einem Pürierstab das Ganze so lange mixen, bis es eine sämige Konsistenz erhält.

3) Gehackte Minze dazugeben und mit einem Löffel unterrühren. Mit Salz würzen. Nach Wunsch die Minzsoße mit ein wenig Zucker abschmecken. Anschließend noch etwas durchziehen lassen und dann bei Zimmertemperatur servieren.

!

Minzsoßen gehören zu den englischen Spezialitäten. Sie werden besonders gerne zu gebratenem oder gekochtem Lammfleisch gegessen.

Gemüseketchup

Zubereitungszeit:
30 Min.

Nährwerte pro Flasche:
353 kcal / 1477 kJ
7 g EW
2 g F
71 g KH

Für 1 Flasche (ca. 500 ml):

250 g Sellerie
1 große Zwiebel
3 EL Stärkemehl
2 grüne Paprikaschoten
1 Apfel
6 Stängel Dill
100 ml Apfelessig (z. B. von Alnatura)
2 EL Honig
Salz
Currypulver
Paprikapulver

44

Gemüseketchup

1) Sellerie waschen, putzen und in kleine Stücke schneiden. Zwiebel schälen und dann etwas kleiner schneiden. Danach zusammen mit dem Sellerie in einen Topf geben und in ca. 500 ml Wasser in 10 Minuten weich kochen.

2) Stärkemehl mit wenig Wasser anrühren und zum Gemüse geben, dabei gründlich unterrühren. Das Ganze kräftig aufkochen lassen. Sobald es kocht, sofort die Hitze ausschalten und die Selleriemischung abkühlen lassen.

3) In der Zwischenzeit die Paprikaschoten von Kernen sowie weißen Innenhäuten befreien und Paprikaschoten waschen, dann etwas kleiner schneiden. Apfel schälen und vom Gehäuse befreien. Dill abbrausen, trocken schütteln und ohne feste Stielansätze hacken.

4) Alle vorbereiteten Zutaten in eine Rührschüssel füllen. Apfelessig und Honig zugeben. Das Ganze mit einem Stabmixer gründlich pürieren. Das Gemüseketchup mit Salz, Curry- und Paprikapulver abschmecken.

5) Das Gemüseketchup in eine zuvor sterilisierte Flasche füllen und gut verschließen. Im Kühlschrank aufbewahren.

Sauce Choron

Zubereitungszeit:
20 Min.
Kühlzeit:
30 Min.

Nährwerte pro Person:
402 kcal / 1682 kJ
9 g EW
38 g F
4 g KH

Für 4 Personen:
150 g Butter
4 Eier
50 ml Weißwein
1 EL Tomatenmark
1 EL frischer Thymian, gezupft und fein geschnitten
4 EL Sojasoße (z. B. von Kikkoman)
Pfeffer aus der Mühle
Zucker

Sauce Choron

1) Butter in einen Topf geben und langsam erhitzen, bis sie ganz geschmolzen ist. Anschließend für ca. 30 Minuten in den Kühlschrank stellen.

2) Die Eier trennen. Eigelb und Weißwein in eine Rührschüssel geben. Über einem warmen Wasserbad mit einem Schneebesen kräftig aufschlagen, bis die Mischung eine cremige Konsistenz hat.

3) Die fest gewordene Buttermasse aus dem Kühlschrank nehmen. Die obere milchige Schicht mit einem Löffel abheben, den Rest ohne Bodensatz in die cremig aufgeschlagene Eier-Weißwein-Masse gießen. Dabei mit einem Schneebesen kräftig rühren, sodass sich alle Zutaten vollständig vermischen.

4) Wenn die gewünschte Konsistenz und Bindung der Eigelb-Butter-Masse erreicht ist (die Masse sollte sehr dickflüssig sein), dann das Tomatenmark mit Thymian und Sojasoße hineingeben. Mit frisch gemahlenem Pfeffer und Zucker abschmecken und dann die Sauce Choron servieren.

Die Sauce Choron schmeckt sehr gut zu kurz gebratenem Rindfleisch.

Scharfe Erdnusssoße

Zubereitungszeit:
20 Min.
Garzeit:
10 Min.

Nährwerte pro Person:
262 kcal / 1096 kJ
11 g EW
23 g F
4 g KH

Für 4 Personen:

1 Schalotte
1 Knoblauchzehe
1 Chilischote
1 EL neutrales Öl
5 EL Erdnussbutter
400 ml Hühnerbrühe
100 ml Kokosmilch
Sojasoße
Cayennepfeffer
geröstete Erdnüsse zum Garnieren

Scharfe Erdnusssoße

1) Schalotte und Knoblauchzehe abziehen, dann beides fein hacken. Chilischote halbieren, waschen und Kerne entfernen; die Schote ebenfalls fein hacken.

2) Neutrales Öl in einem Topf erhitzen. Schalotte, Knoblauch und Chili dazugeben und kurz darin anschwitzen. Die Erdnussbutter zugeben und einrühren.

3) Das Ganze unter Rühren leicht anrösten. Mit Hühnerbrühe und Kokosmilch ablöschen. Unter gelegentlichem Rühren ca. 10 Minuten dicklich einköcheln lassen.

4) Erdnusssoße mit Sojasoße und Cayennepfeffer abschmecken. Die Soße vor dem Servieren nach Belieben mit gerösteten Erdnüssen bestreuen.

!

Reichen Sie zu dieser Erdnusssoße Satéspieße. Hierfür 500 g Hähnchenbrustfilet waschen und würfeln. In eine Marinade aus 3 gehackten kleinen Zwiebeln, 4 gepressten Knoblauchzehen, etwas gehacktem Ingwer, Pfeffer und 5 EL Sojasoße geben und ca. 1 Stunde durchziehen lassen. Dann das Fleisch etwas abtropfen lassen. Je 4 Fleischwürfel auf 1 Holzspieß stecken. In einer Pfanne in Öl anbraten. Vor dem Servieren mit etwas Sesamöl beträufeln.

Burgundersoße

Zubereitungszeit:
30 Min.
Garzeit:
2 Std.

Nährwerte pro Person:
185 kcal / 774 kJ
4 g EW
9 g F
5 g KH

Für 4 Personen:
500 g gehackte Rinderknochen • Salz • Pfeffer • 1 Prise Mehl • 1/2 Bd. Suppengrün • 1/2 Bd. Petersilie • 1 Zwiebel • 1 Knoblauchzehe • 3 EL Pflanzenöl • 425 ml Burgunderwein • 1 Lorbeerblatt • 1/2 TL schwarze Pfefferkörner • 1 TL Johannisbeergelee • 1 Msp. gemahlene Nelken • 1 Msp. gemahlener Ingwer • dunkler Soßenbinder

Burgundersoße

1) Für den Rinderfond Knochen waschen und trocken tupfen. Leicht salzen und pfeffern, mit etwas Mehl bestäuben. Suppengrün waschen, putzen und klein schneiden. Petersilie waschen und Stängel in kleinere Stücke brechen. Zwiebel und Knoblauch schälen, in Streifen schneiden.

2) In einem breiten Topf Öl erhitzen und Knochen sowie das vorbereitete Gemüse darin rösten. Mit 300 ml Wein schluckweise ablöschen; immer so lange warten, bis fast alle Flüssigkeit verdampft ist.

3) Dann mit 1,5 l Wasser aufgießen. Lorbeer sowie Pfefferkörner einrühren und aufkochen lassen. Bei mittlerer Hitze in ca. 90 Minuten etwa auf ein Viertel einkochen lassen. Dabei den auf der Oberfläche entstehenden Schaum immer wieder abschöpfen.

4) Die Soße durch ein Haarsieb passieren und bei Zimmertemperatur etwas abkühlen lassen. Anschließend 250 ml Bratenfond abmessen und in einem Topf mit dem übrigen Burgunder aufkochen. Johannisbeergelee, Nelken- und Ingwerpulver unterrühren.

5) Soße mit Salz und Pfeffer abschmecken. Nach Geschmack und Bedarf mit etwas dunklem Soßenbinder andicken.

!

Servieren Sie die Burgundersoße zu Rinderschmorbraten. Den Fond kann man auch in größeren Mengen herstellen und einfrieren oder für den baldigen Gebrauch im Kühlschrank aufbewahren.

Cumberlandsoße

Zubereitungszeit:
15 Min.
Garzeit:
10 Min.

Nährwerte pro Person:
207 kcal / 866 kJ
3 g EW
3 g F
36 g KH

Für 4 Personen:
400 g rote Johannisbeeren
2 Orangen (unbehandelt)
2 Zitronen (unbehandelt)
2 Schalotten
1 TL Pfefferkörner
2 TL Pflanzenöl
6 EL Johannisbeergelee
1 TL Senfpulver
Worcestersoße
4 cl Portwein
Salz

Cumberlandsoße

1) Johannisbeeren in ein Küchensieb geben, mit kaltem Wasser abbrausen und abtropfen lassen. Beeren von den Rispen zupfen und verlesen. In eine Schüssel geben und mit einer Gabel etwas andrücken.

2) Orangen und Zitronen heiß waschen und trocken reiben. Etwas Schale abreiben. Dann Früchte halbieren und Saft auspressen. Schalotten schälen, bei Bedarf putzen und fein hacken. Pfefferkörner in einem Mörser zerstoßen.

3) Öl in einen Topf geben und erhitzen. Schalottenwürfel und Pfefferkörner im Öl unter Rühren bei mittlerer Hitze anschwitzen. Das Ganze mit Orangen- und Zitronensaft ablöschen.

4) Johannisbeeren in den Topf geben. Johannisbeergelee, abgeriebene Orangen- und Zitronenschale sowie Senfpulver unterrühren. Bei mittlerer Hitze ca. 10 Minuten dicklich einköcheln lassen.

5) Topf vom Herd nehmen und die Cumberlandsoße mit Worcestersoße, Portwein und Salz abschmecken. Vor dem Servieren abkühlen lassen.

!

Servieren Sie die Cumberlandsoße zu kurz gebratenem Kalbfleisch, Wild oder Geflügel. Auch zu Fleischfondue passt sie sehr gut.

Barbecuesoße

Zubereitungszeit:
20 Min.

Nährwerte pro Person:
124 kcal / 519 kJ
2 g EW
8 g F
12 g KH

Für 4 Personen:

1 Schalotte
2 Knoblauchzehen
1 TL bunte Pfefferkörner
2 EL Pflanzenöl
100 ml Tomatensaft
2 EL Tomatenketchup
getrocknete Petersilie
Salz
Cayennepfeffer

Barbecuesoße

1) Schalotte schälen, bei Bedarf putzen und fein hacken. Die Knoblauchzehen abziehen und ebenfalls fein hacken. Die Pfefferkörner in einem Mörser grob zerstoßen.

2) Das Pflanzenöl in einer Pfanne erhitzen. Schalotten- und Knoblauchwürfel dazugeben und bei mittlerer Hitze unter ständigem Rühren anschwitzen.

3) Zerstoßene Pfefferkörner in die Pfanne geben und unterrühren. Tomatensaft angießen und das Ganze ca. 5 Minuten offen leicht köcheln lassen.

4) Den Sud vom Herd nehmen und mit einem Stabmixer pürieren. Dann leicht auskühlen lassen. Ketchup zugeben und das Ganze glatt rühren. Getrocknete Petersilie untermengen. Barbecuesoße mit Salz und Cayennepfeffer würzig abschmecken.

! Mit der Barbecuesoße können rohe Spareribs, Steaks, Chickenwings & Co. bestrichen werden, bevor sie auf den Grill kommen. Aber auch zu fertig gegrilltem Fleisch schmeckt die Soße hervorragend.

Fruchtiges Ketchup

Zubereitungszeit:
20 Min.
Garzeit:
2 Std. 15 Min.

Nährwerte pro Portion:
37 kcal / 155 kJ
0 g EW
0 g F
8 g KH

Für 750 ml (ca. 20 Portionen):
300 g frische Cranberrys
600 ml Cranberrynektar
50 g Zucker
3 Nelken
1 Stange Zimt
3 grüne Koriandersamen
1/2 Lorbeerblatt
10 schwarze Pfefferkörner
100 ml Rotweinessig
30 g Tomatenmark
30 g Tomatenketchup

Fruchtiges Ketchup

1) Cranberrys verlesen, kalt abbrausen und in einem Küchensieb abtropfen lassen. Mit dem Cranberrynektar in einen ausreichend großen Topf geben und das Ganze aufkochen.

2) Zucker, Nelken, Zimtstange, Koriandersamen, Lorbeerblatt und Pfefferkörner zum Cranberrysud geben. Ca. 2 Stunden leise köcheln lassen, bis die Cranberrys zerkocht sind und der Nektar zu reduzieren beginnt.

3) Rotweinessig dazugeben und nochmals für 15 Minuten stark kochen lassen. Als Letztes Tomatenmark und Ketchup einrühren und einmal kurz aufkochen lassen.

4) Das fruchtige Ketchup durch ein feines Sieb streichen und auskühlen lassen. Dann bei Zimmertemperatur servieren.

!

Wer es pikanter mag, kann noch 1 kleine rote Chilischote fein hacken und diese mit den übrigen Gewürzen in den Topf geben. Außerdem sorgt ein Stück Ingwerwurzel für zusätzliche Würze.

Morchelsoße

Zubereitungszeit:
25 Min.
Einweichzeit:
15 Min.

Nährwerte pro Person:
296 kcal / 1238 kJ
3 g EW
27 g F
4 g KH

Für 4 Personen:

10 g getrocknete Morcheln
4 cl Sherry medium dry
4 cl Weinbrand
2 Schalotten
1 kleine Knoblauchzehe
20 g Butter
300 g Sahne
Salz
Pfeffer aus der Mühle
4 Stängel Kerbel

Morchelsoße

1) Die getrockneten Morcheln in eine Schale geben und Sherry, Weinbrand und 4 cl Wasser zugeben. Das Ganze ca. 15 Minuten einweichen lassen. Anschließend die Morcheln abgießen und abtropfen lassen, dabei den Sud auffangen.

2) Die Schalotten schälen und sehr fein würfeln. Knoblauch abziehen und fein hacken. Butter in einer Stielkasserolle schmelzen, Knoblauch sowie Schalotten zugeben und glasig anschwitzen.

3) Morcheln zu den Schalotten in den Topf geben und für ca. 3 Minuten bei mittlerer Hitze braten, dabei ständig umrühren. Dann die Pilze mit dem Morchelsud ablöschen und das Ganze auf die Hälfte reduzieren lassen.

4) Anschließend die Sahne einrühren. Die Soße mit Salz und frisch gemahlenem Pfeffer abschmecken. Kerbel waschen, trocken schütteln, die Blättchen abzupfen und nach Geschmack grob hacken. Kerbel in die Morchelsoße streuen und die Soße heiß servieren.

!

Frisch wachsen die aromatischen Morcheln in unseren Breiten von April bis Juni. Da es sich aber um geschützte Pilze handelt, wird meist nur importierte Ware angeboten. Getrocknet gibt es Morcheln das ganze Jahr. Sie müssen in jedem Falle gegart werden, da sie roh leicht giftig sind.

Zabaione

Zubereitungszeit:
20 Min.

Nährwerte pro Person:
215 kcal / 900 kJ
4 g EW
7 g F
26 g KH

Für 4 Personen:

4 Eigelb
100 g Zucker
200 ml halbtrockener Weißwein

Zabaione

1) In einem Topf ein heißes Wasserbad vorbereiten. Eigelb in eine Rührschüssel aus Metall geben. Zucker zufügen und die Schüssel in das heiße, aber nicht kochende Wasserbad stellen. Die Zutaten mit einem Schneebesen kräftig schlagen.

2) Die Eimasse im Wasserbad mit dem Schneebesen so lange kräftig schlagen, bis eine dickschaumige Creme entsteht. Weißwein unter Rühren langsam dazugießen.

3) In einem weiteren Topf ein Bad mit kaltem Wasser vorbereiten. Schüssel mit der Creme hineinsetzen und kalt rühren. Zabaione rasch servieren.

!

Ersetzen Sie bei dieser italienischen Dessertsoße 100 ml des halbtrockenen Weißweins durch 50 ml Marsala. Dann wird sie süßer und noch aromatischer.
Reichen Sie die Zabaione zu frischen Beeren. Verwenden Sie je 200 g Him- und Brombeeren, 150 g Heidelbeeren und 100 g rote Johannisbeeren. Vor dem Servieren sollten die Beeren verlesen werden. Dann in ein Sieb geben, mit kaltem Wasser abbrausen und gut abtropfen lassen.

Mangosoße

Zubereitungszeit:
15 Min.
Garzeit:
15 Min.

Nährwerte pro Person:
90 kcal / 377 kJ
0 g EW
0 g F
17 g KH

Für 4 Personen:
1 reife Mango
40 g Zucker
100 ml Weißwein
1/2 Vanilleschote
Saft von 1 Zitrone

Mangosoße

1) Mango schälen und das Fruchtfleisch vom Kern lösen. Das Fruchtfleisch in kleine Würfel schneiden.

2) Zucker in einen Topf geben. Bei mittlerer Hitze unter ständigem Rühren erhitzen und karamellisieren lassen, dann mit dem Weißwein ablöschen.

3) Vanilleschote längs aufschneiden und mit einem Messerrücken das Mark herauskratzen. Schote und Mark mit den Mangowürfeln zur Zuckermischung geben und unterrühren.

4) Den Sud ca. 15 Minuten leicht köcheln lassen, bis die Mangowürfel weich sind. Das Ganze mit Zitronensaft abschmecken.

5) Die Vanilleschote entfernen. Die Soße im Mixer oder mit einem Mixstab fein pürieren. Anschließend durch ein feines Sieb passieren.

!

Ebenfalls fruchtig-gut: Kiwisoße. Dafür 4 reife Kiwis schälen und in Würfel schneiden, dann in einen hohen Rührbecher geben. Je 1 EL Limettensaft, Honig und Puderzucker zufügen. Das Ganze mit einem Stabmixer pürieren und anschließend durch ein feines Sieb streichen. Servieren Sie die Soße beispielsweise zu Vanilleeis oder Grießpudding.

Lemon Curd

Zubereitungszeit:
25 Min.

Nährwerte pro Glas:
952 kcal / 1992 kJ
12 g EW
41 g F
131 g KH

Für 2 Gläser (à ca. 250 g):
75 g weiche Butter
3 Eier
225 g Zucker
Saft und abgeriebene Schale von
3 Zitronen (unbehandelt)

1) Die Butter mit dem Handrührgerät schaumig schlagen. Eier nacheinander langsam unterschlagen.

2) Creme in eine Metallschüssel geben und über einem heißen Wasserbad aufschlagen. Zucker, Zitronensaft und -schale langsam zufügen und so lange weiter schlagen, bis die Creme eine dickliche Konsistenz erhält.

3) Das heiße Lemon Curd in 2 vorher gut gesäuberte Gläser füllen und sofort fest verschließen. Es hält sich verschlossen im Kühlschrank mindestens 4 Wochen.

!

Mit Lemon Curd kann man Kuchen füllen, Toast bestreichen oder die Soße warm zu Eis servieren. Achten Sie beim Wasserbad unbedingt darauf, dass das Wasser nicht kocht; sonst gerinnt das Ei.

Süße Cranberrysoße

Zubereitungszeit:
15 Min.

Nährwerte pro Person:
157 kcal / 657 kJ
1 g EW
1 g F
37 g KH

Für 6 Personen:
340 g frische Cranberrys
200 g Zucker
abgeriebene Schale von 1 Orange (unbehandelt)
Salz

56

Süße Cranberrysoße

1) Cranberrys in ein Küchensieb geben, mit kaltem Wasser abbrausen und abtropfen lassen. Dann die Beeren verlesen.

2) Cranberrys mit 150 ml Wasser in einen Topf geben. Das Ganze erhitzen und dann den Zucker sowie die abgeriebene Orangenschale unterrühren.

3) Den Sud ca. 10 Minuten bei milder Hitze leise köcheln lassen. Dabei häufig umrühren.

4) Abschließend nach Wunsch die Cranberrysoße mit etwas Salz abschmecken. Vor dem Servieren abkühlen lassen.

!

Die Cranberrysoße kann je nach Geschmack aromatisiert und variiert werden: Aromatisch und würzig mit Nelkenpulver, frisch geriebener Muskatnuss und fein geriebenem frischem Ingwer. Scharf-tropisch mit gehackter Chilischote, Ananasstückchen und gehacktem Koriander. Exotisch mit Kardamomkapseln, Sternanis und frischer Vanilleschote. So pikant gewürzt passt die Soße beispielsweise zu gegrilltem Fleisch oder Fisch.

Register

Bild- und Textnachweis

Titelbild: StockFood
Inhalt: Albrecht/Südwest Verlag: 34; Alnatura: 6, 12, 13, 15, 22, 44; Brauner/Südwest Verlag: 41; California Walnut Commission: 21, 42; Cranberry Marketing Committee: 40, 50, 56; Kikkoman Trading Europe GmbH: 2, 27, 45; Krapohl/Falken Verlag: 47; Livio: 19, 39; mauritius images: 52; Mondamin: 11, 26; Photocuisine: 20, 37, 51, 53, 54; Rama: 5, 18; Sanella: 58; StockFood: 1, 3, 4, 7, 8, 9, 10, 14, 16, 17, 23, 24, 25, 28, 29, 30, 31, 32, 33, 35, 36, 38, 43, 46, 48, 49, 55, 57, 59, 60